# 어디쯤인가

# 어디쯤인가

# 책머리에

농부가 한 구멍에 세 알 이상의 씨앗을 심는 이유는
그 한 알은 땅 짐승을 위한 것이요
또 하나는 날짐승을 위한 것이요
나머지 하나로 인간의 삶을 영위하기 위함이라오.

농부가 추수를 하며 흘린 씨앗을 거두지 않는 것은
나태해서가 아니요
귀찮아서도 아니요
교만해서는 더더욱 아니요
긴 동지섣달 들짐승과 날짐승을 위한
농부의 마음입니다.

이 책을 펴냄에 있어 가족의 응원이 있어 많은 힘이 되었고 사랑이 되었음에 고마움을 전하며, 또한 함께 익히며 배움에 도움을 주신 풀꽃 동인 여러분과 충주중원문화재단(www.cjcf.or.kr)의 지원에 감사드리며 출판에 힘써준 도서출판 천우에도 감사의 말씀을 드립니다.

2023년 여름 어느 날

윤성효

김 천 우
시인, 문학평론가, (사)세계문인협회 이사장

서정과 낭만 감성을 아우르는 윤성호 시인의 시집 『어디쯤인가』 시편들에서 감지되는 언어의 연금술은 진솔하고 따뜻한 순수성과 작가정신의 심오한 시 세계가 강렬한 시선을 끌고 있었다. 월간 『문학세계』로 시와 소설 부문으로 공식 등단 입문, 중견문인으로서 면모를 골고루 갖춘 시인의 의식세계 또한 시인으로서 면모를 반듯하게 갖추고 있는 공경 받는 시인임에는 틀림이 없다. 모지 출신으로서 정의로움 또한 치하해 주고 싶을 만큼 해박한 신지식인의 품성까지 겸비하고 있어 시집을 발간하면서 매우 기쁜 마음으로 시집 산파역할에도 심혈을 기울이고 있다.

시인의 식지 않는 열정으로 작품 활동의 범위를 넓히고 자신만의 개성 있고 뚜렷한 시의 길을 연마하면서 시인의 길을 열어가고 있음을 작품을 통하여 내면의 울림을 알려주고 있다. 자고로 시인은 말을 언어로 변화시키는 천혜의 기술을 가진 사람이라고 한다. 윤성호 시인은 이 시대의 중추적인 역할을 하는 훌륭한 시의 대변자가 아닐까 판단이 된다. 시인의 시 세계에서 삶의 애환과 회자정리(會者定離), 생자필멸(生者必滅), 희비애락(喜悲哀樂)의 시류(時流)에 유연하게 접근하는 시적 화자가 매우 의미심장하면서도 여유롭다.

윤성호 시집의 시편들은 시인의 인격과 신뢰, 믿음과 지식의 높낮이, 문학적 소양과 삶의 향기, 지금까지 살아온 발자취를 대변하는 아름답고도 귀한 발자취를 함축시켜 전달하는 매개체 역할을 하는지도 모른다. 윤성호 시인의 화자는 매우 단아하면서도 가슴 따뜻한 시인 정신의 참신성(斬新性)과 독자들에게 시각적으로 심미안의 화자로 동일성(Self Identity)의 자유로운 형성과정이 시인의 순박하면서도 단아한 삶의 메시지일지도 모른다. 엘리엇(T,S, Eliot)의 말처럼 진정성이 있는 시는 이해되기 전에도 전달할 수 있다고 했다. 시인의 주옥같은 시집 상재는 만인에게 감동 감화를 전달해주는 시인으로 사랑받기를 기원하면서 시집 출간을 진심으로 축하드린다.

제1부

# 약속의 시간

제2부

# 낭만

제3부

# 그리고 또…

제4부

# 나, 항상 그 자리에~

# 제1부

# 약속의 시간

# 웃기는 날

창을 부딪는 메마른 언어에도
생명이 잉태하는 것을
미처 몰랐던 그때

보리피리 소리와
여울로 노래하는 물소리
하루해가 유난히 길게 느껴지던 어느 날

먹장구름이 하늘을 뒤덮고
앞산이 코앞에 다가서며
쇳소리로 울던 미루나무가
심하게 떨던 날

사랑하는 님은
세상이 웃기시다며
걸판지게 웃어젖히더니

문지방도 넘어보지 못하고
망각의 세월로 가시었네.

# 봄의 습격

잘 날지 못하던 년이
외마디 비명을 지르고
바지랑대 세워진
높은 빨랫줄에 날아 앉았다.

숨차게 뒤만 쫓던 견공은
하늘을 나는 그 모습을 보며
그만 제 발에 걸려
앞으로 꼬꾸라지고

기회만 엿보며 맴을 돌던 송골매는
웃다 놀라서 날갯짓만 빨라지고
지켜보던 수탉은
외양간으로 숨어들고.

할 일 없이 빈둥대던 우양은
게으른 하품을 하다 말고
놀라 뒤로 자빠지고
여물 속 감추어진 콩을 훔치던 새앙쥐는….

자치기 비석 놀이
툇마루 학교숙제
구구단 풀던 나와 친구들은
배꼽이 빠지도록 웃어버렸다.

명상 중이던 견공의 꼬리를
봄볕 마중 나온 벌레인 양
쪼아댄 꼬꼬댁의 먹이 사냥
이였다나 모라나.

# 낙엽(1)

바람이 지났다

나뭇잎이 곡소리를 한다

행인은 가던 길을 재촉하고

세월은 그렇게 또 지나간다

# 낙엽(3)

지나는 바람은
여물지 않은 추억을 흔들고

이슬비에 젖은 아쉬움은
그리움으로 남아
망향가를 부른다

발끝에 차이는
추억들을 주섬주섬 바구니에 담아
햇빛 창가에 두면

두런두런 들려주는
어설픈 얘기가
정겨움으로 다가와
옛 추억들을 들추어내곤

행복했노라
노래 부르게 한다

# 바보

순간 바보가 되었습니다

글도 알고, 수도 알지만
무엇 하나 할 수가 없었습니다

하얀 갱지와 필기구
계산기와
선을 그릴 수 있는 도구들
모든 것이 눈앞에 있었지만
눈에 밟히는 것은
그 어느 것도 아니었습니다

언제부터인가
날짐승이 먹이를 쪼듯 따라 하던 행동과
손안에 쏙 들어오는 자그만 노리개로
글을 쓰고 계산을 하고
선들을 그리고
하물며 그림까지 그리는
남 따라 하던 행동들로 익숙해져 버린 나는

갱지 위에 글을 쓰고
계산기를 두드려 숫자를 맞추고
컴퍼스와 자로 표를 만들고 하던 행위들이
쉬이 떠오르지 않았습니다

망각의 세월 속에 찰나를 살아온 나는
정전*이라는 어마어마한 힘 앞에
순간 바보가 되어 버렸습니다

*정전 : 전기가 나감.

# 낙엽(4)

길을 가다가
멈추어선 자리에
지난 세월들이 모여
담소를 즐기고 있다

그 담소 속에
나의 시간은
얼마만큼이나
아름다웠을까

귀 기울여 들어봐도
어찌 지냈는지
헤아릴 수 없는 언어들

명현들의 이야기며
우리네 세상사는 이야기와
풍미로운 이야기는
귀를 쫑긋하게 하는데

나의 지난 시간은 기억 너머 있는지
아직도 내 가슴에 있는지
풀리지 못하고
머뭇거리게 한다

먼 훗날 돌아서 왔을 때
지금도 그랬듯이 책장을 넘기며
내일의 추억을 위해
주어진 시간을
아름답고 고귀하게
써 내려가야겠다

# 철길에 누워

어언 반백 년
포성이 멎은 자리엔
민들레 웃음 자욱하고
두 팔 벌려 마중하는 나는
오늘도 오지 않는 임을
그립니다.

수신인 없는 봉투에 담은
하 많은 사연
들려주고자 하여도
시절 잃은 들풀들만
귀를 세우고

이제는 가야 하는데
반겨줄 사람은 없고
무슨 말들이 그리 많은지
어떤 말을 더해야 하는지
알 수는 없지만

마주 보는 눈길은
따습기만 한데
사정 모르는 들풀들은 또 찾아와
사연을 풀라 아우성이고
내 몸은 또 한 꺼풀 각질을 덮습니다.

# 마지막 잎새(2)

벌거벗은 너의 나신을 보노라니
남겨진 것은 보이지 않고

몰래 숨겨둔 씨앗만이
잉태의 시간을 기다리고

떨고 있는 너의 촉수는
가녀린 모정의 몸부림이구나.

# 빛바랜 사진

사진첩을 들추어 보다
문득 눈에 온 고향

덜컹덜컹 달려가는 낡은 버스와
앞섰거니 뒤섰거니 달음질하는 흙먼지

차창 너머 뽀얀 옷 갈아입고
하늘 높이 선 미루나무

보호수 철책 너머 툇마루에
늙은 촌부들의 정겨운 얘기가
그리워지는
빛바랜 사진 속 가고픈 고향

# 어디쯤인가

옷깃을 세워야 하는
새벽길

모퉁이를 돌아서면
삶의 소망이 왁자한 곳

그곳
불빛도 졸고 있는 등걸 아래
일회용 젓가락과 종이컵
나란히 놓여 있었다

바닥까지 비워진 막걸리병과
찢어진 김치 조각 하나
누군가 그곳에 앉아
널브러진 세월을 노래하며

한 모금씩 비워지는 플라스틱병처럼
찢어져 작아지는 김치 조각처럼
놓이지 않는 시름을 벗었으리라

정돈되어지지 않는
그 시름을
시간을
그는 어찌 플라스틱병과
김치 조각으로 벗어 버릴 수가 있었을까

난
옷깃을 곧추세우며
그가 벗어버리고 간 세월을
주워 담으려
별길 새벽 시름으로 걷는다

# 만추

작은 창
1/4 유리만이 녹색 커튼을 가지고
그 아래 붉은 심장을 관통한 화살이
빠르게 스치운다

그 창문 너머
계절을 재촉하는 비가 소풍을 오고
바람에 떨어지는 낙엽은 시위를 하고

떠나보내려는 자와
지탱하려는 놈의 실랑이는
작은 창을 흔들어
나를 뒤척이게 한다

# 겨울 잠자리

백설이 눈부신 처마 그늘에
빨간 잠자리 쉬고 있다

들녘의 온갖 향기로운 꽃보다
가을의 파란 하늘보다
백설이 마음에 들었나 보다

가까이 한 발 다가서면
저도 한 발 뒤로 물러서는
기다란 고드름 사이 잘도 피한다

가만 숨을 죽이고 쉬었다
그가 모르게 사분 다가서니
그것은 가을을 쉬이 보낸 아쉬움의 환상이었네

# 한 번쯤

모두가 완벽함에 취한다.
일이 그렇고 나누는 말이 그렇고
하루의 삶이 나에게 완벽하기를 고민한다

줄 맞추어 도열한 열병식 참석 군인들과
입맛에 맞게 잘 정돈되어진
그 많은 법전의 내용들 사이
그것으로부터 흐트러짐을 용서치 않는
감시의 눈초리에서
우리는 여유로운 격한 심장의 박동 소리를
들을 수 있는가

조금은 부족함이 있었으면 좋겠다.
잿빛 구름을 이고 용의 승천을 꿈꾸며 갔던
가마에서 막나온 배부르고 약간은 뒤틀린 옹기처럼

물레 위에서 도공의 손짓을 거부하며
제 틀을 잡지 못하고 비틀거리는 반죽에서
무엇을 할지 정하지 못한 도공의 번뇌

도열한 군인 그 누군가는 발바닥이 가렵고
누군가는 콧등의 파리가 성가시고
그리고
누군가에겐 맞지 않는 법전내용들

훔쳐보는 이에게 들킨
고뇌하는 도공의 멋쩍은 미소와
감시하는 눈초리가 멀어진 현실에서
웃음으로 고동치는 심장의 소리를
들어야 하지 않겠는가.

미완성의 좌절에 빠지고 허탈해하기보다는
한 번쯤
바람을 안고 가는 구름처럼
소에서 맴돌다 가는 물처럼
약간의 여유로움이 서로에게 있었으면 좋겠다.

# 가지 않는 길 하지만 가야 할 길

멈추어 버린 시간 속으로
미로 여행을 떠나야 하는
설레임과
미지에 대한 두려움

떠난 자는 있어도
돌아온 자는 없다더라.

두고 가는 것도 없이
안고 가야 할 것은
무지에 대한 용기와 남겨질 그리움

남은 자의 그리움은
잊혀질 것을
가는 길이 두렵기만 한 것은
너나없이 모두가 처음인 것을

이 길은 아무나 갈 수도
가고 싶어도 갈 수 없는 길이기에
서둘지 못하는 것일까.

들려주는 이야기도 없고
들어주는 청중도 없기에

또 한 번의 즐거움을 택하여
가지 않는 길을
오늘 또 누군가 용기를 내어 가고 있다.

## 송학춘

흰머리 소봇한 여인의
어머니에 대한 그리움은
며느리에 잔정으로 다가서며
꺼지지 않는 모정은
황토불처럼 피어오른다.

지난날 실수는
적삼 치마폭에 묻어두라고
이십여 년을 살갑게

천둥처럼 울던 아들 녀석은
그 옛날 자신이 그랬던 것처럼
어머니 빼닮은 처자를 인사시키고

돌아오지 않는 그리움은
북망산 위 노송에 연처럼 얽힌
풀지 못한 수수께끼로 남아
봄을 기다린다.

# 열나흘(숫자 14)

콘크리트 숲속
그 사이로 보이는
저 산 너머
초록은 물들며 봄은 오는가.

새해
코로나 19
그 질병의 끝을 부여잡고
힘겨운 나날을 보내는
세월

달려오는 따사한
봄기운에
떠나는 그 겨울과 함께
너는

우리의 곁에서 지워지고
승리한 자에게
활기찬 세월이 되길 소원한다.

# 계절의 길목에서

여름과 가을이 공존하는 곳
너는 어디서 왔는가
초록을 곁에 두고
붉은 가을이 입맞춤한다

하늘은 높아가고
계절은 깊어지고
우리의 사랑은 농익게 익어간다

두툼하던 달력이 이제 그 마지막
한 장의 끝을 잡고
차가운 바람이 나를 맞는다

지나간 것은 지나간 대로
추억의 한 페이지로 적어놓고
오는 날 또 다른 희망을 안고
하얀 백지를 앞에 놓고 먹을 갈아놓자

# 노을에 지다(2)

한 땀 한 땀…

뒤척이다 멈추어버린 시곗바늘
새벽이슬 육신을 적시고
달려와 선 자리엔 인용들이 한가득

짧은 목 길게 두리번거리며
찍히기만 고대하며 밀치고, 당기고

스산한 바람 여우 깃 세워도
칼바람만 귓전을 스치는데
타다만 건불은 또 내 앞에서 춤을 춘다

모두가 해진 자리 남겨진 군상들
밝아오는 여명을 짧기만 한데
턱에 걸린 숨소리 헤쳐진 눈동자
널브러진 육신

갈 곳 몰라 바라본 먼 하늘
멈추어 버린 시곗바늘만 흔들리고 있다.

# 옛집 앞

내 살던 옛집 이제야 찾아오니
반기는 사람 없이 빈터만 남아있네
모두 어디 갔나 대답 좀 해주구려

깜박이는 호롱불 아래 너 · 나는 마주 앉아
긴긴밤을 이야기로 뜬눈으로 보냈는데
이제는 어디 가고 꿈으로만 남아있네

## 아버지의 새벽

별이 졸며 이슬이 잉태하는 시간
아버지는 한기 가득한 부엌에서
아궁이에 마른 장작을 가득 넣고
흰 연기 마셔가며 불을 일으키고 계셨다
커다란 가마솥엔 누런 황소가 먹을 여물을 넣으시고

문풍지 사이로 새는 새벽이슬은
두꺼운 이불로도 막지 못하는데
발끝부터 전해오는 온기는
졸고 있는 녀석마저도 잠들게 하고
피어오는 향기에 누런 황소도 긴 하품을 한다.

부엌 한기 가시일 즈음 수탉의 홰치는 소리에
마루 밑 강아지 기지개 펴며
싸리문밖엔 서설이 숨죽여 내리고
아버지 지게엔 삭정이 한 소쿠리 얹혀 있었다.

# 제2부

# 낭만

# 산사에서

자박이는 발소리
댓돌 위 선승의 이슬 잠을 깨우고
낮은 안개에 일렁이는 추녀 끝 풍경
재잘재잘 아침 인사 바쁘다

삼 년의 공염불에 눈치도 못 깨친
도둑고양이는 선잠을 못 이겨 하품만 하고
마음까지 내어놓는 산 내음에
내 마음은
일지도 않는 구름 위를 날고 있다

쉬 깨이지 않는 여명은
탁발승의 염불 소리와 씨름을 하고
돌아서 앉은 범부의 마음은
속세의 그림자와 씨름을 한다

# 해안의 고독

술렁이는 파도 소리
일렁이다 무너지는 모래톱
다가설 수 없는 나그네는
수평선만 바라본다.

놓여진 찻잔은 싸늘히 식어가고
포말로 부서지는 파도는
잰걸음으로 과거로 간다

받았어야 했는데
그 님의 마지막 사랑을
보았어야 했는데
돌아서는 그 님을

……

쓰여지지 않은 사랑은
파도로 밀려와 물보라로 사하고
그날의 추억은 향기로 남아

들다 만 술잔엔
숱하게 술렁이다 만
고독만이 넘쳐흐른다.

# 사랑(9)

하얗게 그리던 날들은
차마 접을 수 없기에

그 꽃잎 떨구지 못하고
다시금 불러보는 그 이름
석~자

# 산사 가는 길(1)

갓 피어난 들꽃 향
번져오는 번뇌에
스밀 곳 몰라 찾아 나선 길

메아리 되어 돌아오는
불경 소리와
그 속에서 헤매는 산새 소리

스님은 어디 가고
빈 암자만이 덩그러니 손을 맞는다.

선뜻 들어서지 못하는 객을 향해
아미타불의 인자한 미소는
세속의 때를 벗으라 하는데

흔들리는 육신을 두고
높다랗게 선 은행나무가 먼저
낙엽을 쌓으며
해탈의 길을 가고 있다.

# 세탁기 앞에서

세탁 한 번
헹굼 네 번
탈수
세탁 끝.

집안 남정네들이 들로 나가버리면
동네 아낙들이 그네들의 비밀들과
소중한 물건들을
가득 담아 모여들던 곳

제멋대로 만들어진 비누와 방망이로
찌든 때 멍든 때 때리며 비벼대며
지난밤 전라댁의 깊은 사랑 얘기와
경기댁의 바가지 긁던 얘기

울타리 안 비밀들이 웃음꽃으로
피어나던
그러한 속삭임이 사라진
세탁기는

맞추어진 시간에 쫓겨
혼자 만들어버린 비밀을 풀지도 못하고
쉼 없이 돌고 있다.

# 당신이 있어 행복(幸福)했습니다

당신이 있어 행복합니다

그 시절 젖먹이 때부터
애지중지하며 가슴 졸이던 당신이 있어 행복했습니다
생각 없이 툭 던져버린 말 한마디에
당신은 속으로 눈물과 서글픔을 삼켜야 했던
나의 어린 시절
그 시절 당신이 있어 행복했습니다

당신의 고운 이마에
잔주름이 깊어가고
나 또한 당신의 전철을 되밟지 않으려고
속앓이하면서도
당신을 닮아감에
행복한 웃음을 짓습니다

시절은 멈추지 않는 바람처럼
쉬 우리의 곁을 떠나버립니다

잡으려는 마음도 없습니다.
잘 가라는 인사도 하지 않겠습니다

그 시간이 흘러 당신의 생각이 멈추는 순간
당신이 옆에 없다는 사실에 눈물만이 위로하겠죠

그 시간은 되돌릴 수 없는 법

그 시절 당신이 옆에 있어 행복했습니다
먼 추억의 일이라도 좋습니다
아니 아주 가까운 일이라도 좋습니다
당신과 함께 있어 행복했다는 사실만이 함께 하고 있습니다

나는 지금 당신이 있어 행복했습니다

# 까만 고무신

경운기며 이앙기도 갈 수 없는 곳에
쟁기와 써레만이 유일한 놀이기구로
살아가시는 나의 아버지

얼룩소 새끼 낳던 날
'이놈의 소가 할 일이 많은데' 하시며
커다란 구유에 여물을 넣으시며
연신 싱글벙글

솔가지 꺾어 불을 지피시며
'저놈이 이제 외롭지 않겠어' 하시며
듣는 이 없이도 혼자 말씀하시며
보고 또 보시던 외양간

아들 녀석이 학교를 파하고 오니
"인석아, 네 친구 하나 생겼다, 잘 데리고 놀렴" 하시던

어미가 가는 데로 따라다니며
천방지축으로 놀다
시간 지나 코뚜레 뚫던 날
그놈은 아픈 줄도 모른 체 눈가에 눈물만 가득

돌아온 장날 시오리 길을 다녀오신
싸리문 밖 흰 눈이 소복이 쌓인 그 날
까만 고무신이 내 머리맡에 놓여 있었다.

# 꿈꾸는 밤(2)

선달 긴 밤
어스름 달빛이 찾아들면
언제 시작하였는지
사락사락 눈 내리는 소리
문풍지 사이로 흐르고

퇴색되어버린 흑백사진 속에서
무너져 내리는 돌담만이
빙긋이 나를 반기고
달려와 안긴 할머니 품은
함박눈만큼이나 포근한데

돌아가야 할 곳은 어디인가?

아련한 기억 너머
앞산 긴 그림자 드리우면
뒤척이다 베인 눈물 사이로

'아가야 어서 오렴'
손짓하시는 할머니

# 해바라기

아무도 사랑할 수 없기에
누구에게도 사랑받을 수 없기에
오직 그대만이 나의 사랑인 것을
오늘도 그대 사랑으로
행복하기를
간밤
폭풍우에도 기다렸습니다.

검게 그을린 얼굴
보이기 싫어 오지 않으셔도
구름과 숨바꼭질하는 당신이
미워도
내 사랑은 오직
당신
당신이면 족합니다.

# 밤 호수

밤이 오면 호수(湖水)는
안개를 곱게 펴 덮고
침묵을 한다

별들이 내려와 안기고
달이 와 안기고
드리워진 산 그림자가 안기고
일상의 희로애락(喜怒愛樂)이 와 안기고

호수(湖水)는
넓고 포근한 어머니 품인 양

잠 못 이루는 불빛이 내리고
갈 곳 몰라 서성이는 바람과
밤비가 흐느적거리며 울어도

호수(湖水)는 너그러움이요
자비요
기다림으로 미소 짓는다.

주위는 적막뿐
이따금 들려오는
밤새소리와
밤벌레 칭얼대는 소리에도

호수(湖水)는
침묵으로
더욱 두터운 이불을 끌어당기고 있다.

# 파도

물결은 소리 없이 밀려와
주절주절 모래톱을 뒤지며
숨겨서 들추기 싫은 비밀들을
하나, 둘 캐내어
제 몸 아린지 모르고
소리 내어 담아가고 있다

## 구직자

배운 적 없는 낚시를 한다고
비싸게 주고 산 낚싯대를
세상을 향해 던졌습니다

일렁이는 물결 따라 고운 찌도
함께 춤을 춥니다

해님이 내리고 달이 오르고
별이 내리고
별빛에 우쭐대던 찌가
자리를 비웁니다

배운 대로 챔을 하여 당겨봅니다.
올라오는 것 없이 낚싯줄은
팽팽해지고 낚싯대는 금방이라도
부러질 듯 휘어집니다

돌에 걸렸나?
수초에 걸렸나?
힘을 쓰고 용을 써봐도
내게 오려 하지 않는 그가 몹시 밉다

# 그곳에 가면

그곳에 가면
낚싯대가 홀로 하늘을 향해 서 있습니다

그것은
기다림
설레임
긴장감
사랑입니다

피라미를
고래를
아니
상어를
아니면 농어를
아니면 다랑어를

처음 장만한 고귀한
처음으로 해보려는
손맛의 짜릿함을
무엇을 달아야 하는지
무엇을 담아야 하는지

얼마나 큰 것을 달아야 하는지
아직은 알 수 없기에
기다림이었습니다

오늘도
하늘을 향해 서 있는
낚싯대는
파란 물속을 그리며
저 혼자 그곳에서 그렇게 서 있습니다.

## 그리움이라 하자

그래 그리움이라 하자

지금은 사라진 호롱불 아래
배 깔고 흑연 끝 침 발라가며
국어 숙제 산수 문제 풀며
고뇌하던 날

바늘구멍으로 숨어들어온 바람이
문풍지 붙들고 호롱불과 장난치면
그 바람이 무섭다며
이불 속으로 파고들던 그 날

어둑새벽 당신들보다 덩치 큰
보퉁이를 이고 지고
장엘 가신 부모님은
밤이 깊도록 돌아오실 줄을 모르고

싸리나무 엮어 만든
삽살문 지키던 똥개가
갈잎 부스럭 소리에
소스라치게 놀라
마루 밑으로 숨어버리던 날

건넌방에선
귀먹고 늙은 할머니의
곰방대 터는 소리와
가래 끓는 소리가 쉼 없이
흘러나오던

세월의 흐름 속에 숨어 버린 기억들

가고 없는 할머니는
그 사실을
지금은 아시는지

# 영어로 말하기

glass도 몰랐던 학창시절
처음 접하는 영어는
나에겐 곤욕이었다

A. B. C. D
아 이런 글자가 있구나 라는
평범한 생각은
수업시간만 되면
머릿속까지 하얗게 변해버리고

수업종료를 알리는 종소리는
나의 모든 세포를 요동치게
하였지

그렇게 가슴 졸이던 십 수 년
머릿속까지 멍들게 하던
그 A. B. C. D는
조금은 수월한 나의 언어가 되었다.

나는 우리말도 열심히 떠들고
번역기는 아직도 알 수 없는
A.B.C.D가 섞인 말로
너에게 가까이 가고 있으니 말이다

# 취업 전쟁

푸르름 속에 젖은 향수
길 잃은 철새 갈 곳 몰라
허공만 박차고 있다.

방랑의 길은 어디쯤인지
여정의 문은 열리지 않고
또 하루해가 저문다.

우리는 목적이 있고
꿈이 있고
이상이 있는데

작아진 틈새는
아직도 아우성인데
들리는 소문은 과대포장인가

매일 햇살이 기운다 해도
희망을 안고
방랑의 길이 끝나는 날

들을 질러
광야로 두 발 맞추어
힘차게 나아가리라

## 다른 사랑

가끔은 내가 아닌 다른 사람을 만나
사랑을 하고 싶다
나를 만나서 했던 사랑과
너를 만나서 했던 사랑보다
더 열렬한 사랑을 하고 싶다

내 안에 존재하는 모든 양심과
나에게 했던 무수한 약속들
그리고 너와 즐겨했던 기억들을
잠시 비워 두고서
소문으로만 무성한
사랑을 하고 싶다

때로는 격렬하게
때로는 슬프도록
가슴 시리도록 아프게

# 산사 가는 길(3)

애잔한 풍경 소리
합장한 동자승의 멋쩍은 미소에서
두 손 꼬~옥 마주 합장하고
해탈의 미소를 본다.

# 꿈꾸는 밤(3)

저녁밥을 먹고
뉴스를 보다
깜박 잠이 들었나 보다

이승에서 헤어진 님들이
순서도 없이 찾아와
같이 놀자 하는데

할 일도 없는 나는
귀찮다며 손사래를 치고
신이 난 즈들은 구름을 타고 논다

그 모습에 취해 나도 모르게
몸을 던져 보지만
능수버들만 가랑이 사이로 흔들리고

손 흔들며 멀어지는
하얀 미소에
낮에 나온 조각달만 서산에 걸려있다.

# 사랑(8)

숨 쉬고 있는
당신과 나 사랑을 하자

시작도 끝도 없는
단둘만의 황홀한 사랑을

여기 맺혀진 눈물 자국
사랑의 자국

힘겨워하는 나의 육신
당신의 육체

다시금 일어나
탐닉할 수 있는 것은

모두
재 되어 버리도록 탐닉해보자.

… …

재워서 풀린 사랑을 다시 일구어
활화산처럼 다 타 버리도록
서로를 열망하자
열망을 하자.

# 너에게 난

네가 나를 부를 때
난
너를 위해 씨앗이 되고
꽃이 되고
나무가 되고
푸른 숲이 되고
낙엽이 되었지

내가 너를 불렀을 때
넌
바람이 되고
구름이 되고
빗물이 되고
때론 우산이 되어
우리는 동반자가 되었지

# 제3부

# 그리고 또…

# 가을 그리고 지금

마음을 담아 씨 뿌려 핀 꽃
고우면서도 화려하고

지천으로 자라 핀 꽃 또한
풍요롭구나

그 향기 가득 담아
세월을 노래하려 하였더니

무심타 세월은 돌아보지도 않고
저만치 서녘으로 나아 앉았고

지금
숨어버린 화려했던 청춘은
따사한 햇살 아래 맴돌고 있다.

# 두향*님 전에

송림 끝자락
도도한 강물만이
님 누운 앞자락 휘돌아가고

햇볕 가득한 뜰아래
송림을 헤치며 달려가는
실바람도 옛 그 바람이요

수경에 비친 월경과
강선대*와 이조대*
옛 절개 변함없건만

님 가신 지 어언 사백오십여 년
일평생 성심으로 님을 위해 올림머리
창포물 마를 새가 없구나.

*두향 : 옛날 단양 고을에 살던 여인. 수령으로 온 이황 선생에 의해 기생 머리를 얹고 평생을 이황 선생을 그리며 수절하다 죽었다고 함. 충주댐 담수로 인해 강선대 위쪽에 이장하여 매년 그 넋을 기리는 두향제를 지내고 있음.

*강선대, 이조대 : 충주에서 신단양을 가다 보면 장회나루 맞은편에 위치해 있으며 단양팔경 중 하나인 구담봉 인근에 있으며 그 절경이 빼어남.

# 해고

한참을 기다리다 받은 전화로
그동안 고생 많았다는 음성이 흘러들고
잘 가라는 말 한마디 없이 노을이 진다.

덧끼워 낀 장갑 사이로
손발이 부르트고 작업복을 하루가 멀다 하고
비벼 빨면서 한 푼이라도 아끼고 훌륭한 작품의 완성을 위해
뛰어다니며

내가 아니면 안 된다는 소신 속에
남들이 위치가 있으니 그러면 안 된다고
정확한 지시만 하라고

하지만 그네들은 어정쩡
아무리 중요하다고 말을 하여도 쇠귀에 경 읽기
아무리 정확한 작업지시라도 엇갈리게 마련

인부들의 손놀림을 쉬게 할 때는
문책은 상급자에 있는 것
무슨 미련이 있으랴

체중이 줄고 신경성 위궤양에 시달리더라도
한 알의 알약에 의지하면서
또 하루를 시작하지만
늦추어진 공정의 회복은 쉽지 않은 것을

아무리 목 메이게 준비를 시켜도
그네들은 오로지 시간만이 장땡인 것을
뉘라서 말릴 것인가?

24시간이 모자라게 지켜 섰어도
어디로 가는지 모르게 가는 시간을
낸들 무슨 힘이 있어 잡을 것인가

한 사람의 성공은 그 혼자만의 힘으로는
안 되는 것을
모인 사람들의 힘을 합쳐 밀어주어도 힘든 것을
왜 미처 몰랐을까

아무리 혀가 닳도록 지시를 하고
알려주어도 듣지를 못하고, 보지도 못하고
행함을 알려주어도 행하지를 못하는 것을

진작 갈 자리를 알고 갔으면
이처럼 어리석게 고개 숙이지 않았을 것을
나의 보폭이 좁다고 한들
그들을 따를 수 없을까마는
이제는 또다시 이 같은 우를 범하지 않기를 노력하면서

내 마음과 네 마음이 통하는 그런 사람들이 오기를
아니 찾아 나서기를 바삐 해야겠다.

오늘도 서산에 해는 가야 한다고
원망하지 말라고
빨리 길을 찾으라 소리치며 달려간다.

# 여든여덟

여든여덟
여인은 그렇게 세월을
온몸으로 안고 있었다
이백 가마니
농사지어 농협에 내어놓은 볏가마니 숫자와
5단보의 엽연초 농사와
콩 농사, 겨울이면 마늘 농사
아저씨는 그렇게 가정을 위해
태양과 싸움을 했다고 했다
1남 2녀
자식을 그렇게 두었다.
공무원인 아들은 대전에서 근무하고 퇴직이 얼마 안 남았다고
딸들은 출가하여
제 살림에 바쁘다고 했다

십오 년
함께했던 영감이 가 버리고
혼자 집을 지키며 산 시간이라 했다.
영감이 태양과 싸우던 전답이 지천인데
제 몸 아파 건사 못하고 잡초만 무성하여
보기 싫다고 남 보기 부끄럽다고

구하는 자 있어 팔자 하니
급전이 필요하면 준다고
그냥 내버려두라 한다며
영감의 피땀이 안타깝다고 했다
손주 녀석이 둘이 있다 했다
고등교육도 최고 고등교육을 받았지만
할머니와는 함께 생활하지 않아
살가워하지 않는다 했다
기다려도 오지 않는 녀석들
외롭고 쓸쓸하다고 했다
그래도 행복하다고 했다

… …

말라버린 눈물이 볼을 타고 흐르기 전까지는

# 고향(1)

다시 또
저려 오는 그리움

돌아선 마음
의지할 곳 없어
달려왔건만

퇴색되어 버린
어린 날의 추억만
한 광주리 남아

무너진 토담 사이
웃자란 민들레

기다리는 손길
보이지 않고

어머니 정성만이
기울어진 추녀 아래 맴을 돈다.

# 고향(3)

속울음으로 울어버린
그리움 하나

예가 어딘지
기억에도 없는데

어스름 젖어드는
노을빛 그림자

지금도 찾아 헤매는
그 기억 너머

책갈피 속에 숨겨둔

아
지금은 갈 수 없는 곳

* 1980년대 충주댐 건설로 수몰되어 버린 고향을 찾는 것도 이제는 기억너머에만 남아있다.

# 생각(1)

생각들이 다툼을 한다.
한 치도 되지 않는 머릿속에서
될 듯 파르르 떠는 입술
한숨만 되어 나오고

숨었던 생각이 불쑥 고개 내밀면
엷은 미소 속에 감추어진
또 다른 생각이 움튼다.

깨고 나면 잊혀질 꿈인 줄 알았는데
나보다 앞서가는 생각은
더 많은 고독을 잉태하고 있다네.

# 울림*

울림이 있었다.
두 번의 울림이

첫 번의 울림은
매일 울어대는 그런 울림

정겹지도 지겹지도 않은
세뇌되어 버린 그런 울림

두 번째 울림
그것은

다시 들을 수 없는
울림이었다.

*울림 : 층간소음.

# 노동의 결(関)*

골목길
붉은 벽돌담 따라
어디서 온 지 모를 풀꽃
모양도 없이 매혹의 향기 피우고

그 길 끝난 곳
"위험 접근금지"
높게 쳐진 철조망 사이
새벽안개에 싸인 함초롱꽃이
나를 반긴다

달려온 여명에 꽃향기는 어디 가고
역한 미소만이 섬광처럼 스치는 곳
되돌아 나올 수도 없는

뒤틀려진 보도블록 샛길은
또 하루를 영위하기 위한
상념들이 하나, 둘 넘쳐나고

소유할 수 없는 정겨움은
찾는 이 없어

고개 숙여 베어 문 시린 아픔보다
빌딩 사이로 모습 내어놓는
붉은 악마가 다정한 이유는
무슨 연유일까.

*결(闋) : 문 닫을 결(하루의 노동이 끝남).

# 하루

내 작은 가슴에 달빛이 내리면
나는 눈을 감습니다

요란한 새벽의 깨침과
두 팔 벌려 안은 햇살

인연들과 만남으로
그 햇살은 빛나고
나를 향해 쏟아 버린
무수한 말과 언어들

그 속에 다정한 말도 있었고
거친 언어도 있는 줄 압니다

하루를 사는 벙거지지요

돌아서면 잊혀질 줄 알았는데
그 속에 약이 있고
독이 있다는 것을
미처 깨닫지는 못했습니다

그렇게 새벽의 깨침은 여운으로 남아
내 시린 가슴을 옥조이며
물들어 가나 봅니다

나의 작은 가슴에 달빛이 내리면
그를 향해 했던 나의 말들을 되뇌어 봅니다

내일은 또 다를 것이라고…

# 인생(人生)

“반값 세일”
군중은 한 가지라도 더
손에 쥐려
아귀다툼하고

쉼 없이 돌아가는 바코드 소리
숨었던 지폐
제 차례인 양 거침없이 고개 내밀고

들려진 양손이 모자라
따라 선 아가의 손에도
한가득

“내일이면 늦으리”

밀어 넣을 틈도 없이
순서 없이 늘어선 장바구니들
쳇바퀴 돌 듯 도는 인생

오늘…
조금 모자람이 있으면
내일이 더 행복한 삶이어늘.

# 침묵(沈默)

삐걱거리는 낡은 의자에 앉아
오지 않는 이를 기다리는 것은
그와의 약속이 있어서만은 아닙니다.

오래전 우리들이 놓고 가 버린
아름다운 이야기와
스치는 발그림자에 놓여지는
고귀한 사랑과 아픔들이

달아나는 시간 속에 저물어가고
우리들의 책갈피 속에
작은 추억으로 남겨지고
세월에 지쳐 잊혀져가도

그에게는 식지 않는 열정이 있고
안식이 있고
잊혀지지 않는 약속이 있기에
오늘도 침묵 속에 기다리는 것입니다

## 교통체증 유발자

길가집
그 길 건너 전봇대는
저보다 무거운 짐을 지고
머리 위론 서로 엉켜 풀 수 없는 선을 이고
언제 쓰러질지 모르게 위태롭게 서 있다.

그 아래
버스정류장
바쁜 사람과 한가한 사람
그림자만이
속절없이 버스를 기다리고
지금 마악 도착한 버스에는
손님이 한 명도 없다.

길가집
마주한 도로에는
이쪽저쪽 차량들로 꽉 막혀있고
떠나려는 버스에선
타는 사람 없이

문 여닫는 소리와 끼어들기 위한 지시등만 껌벅이고
비상등을 켜고 선
갓길의 차량 뒤에선
경음기 소리가 쉼 없이 울어대고

주변 상가
안주인들이 놀라 문을 활짝 열고
궁금해 하는 사이
길가집 안주인
겨드랑이 사이로 얼굴을 내민
건장한 청년이 줄달음으로 달려와
비상등을 켠 차를 몰고 시장 쪽으로 달아났다.

## 서울이 좋은 이유
### — 어느 채용 면접장에서

"출신지가 어디인가요"
"네 지방입니다"
"네~에, 그러세요"
수려한 외모에 풍기는 귀티에
반색하던 면접관은
이내 뭐 씹은 얼굴로 심드렁해진다

"다른 분 질문 없으면 다음 사람들이죠"
이내 반복되는 질문
"서울입니다"
멀어진 의자를 당기며 출신학교를 묻는다
"지방대 졸업했습니다"
뒤로 넘어질 듯 안락의자에 몸을 박는다

"또 다음 사람"
"서울입니다"
"출신학교는"
"서울 ○○대입니다"

함박웃음
좌우를 돌아본다

“채용합시다”

# 물안개

옅은 여명은 잠자는 대지를 깨우고
막 깨어나는 대지는 푸른 하늘을 향해
커다란 기지개를 켠다

가을 지나 잎 떨어진
마른 가지에
당신의 붉은 입술로
한 송이 장미꽃을 피워본다

# 꽃

촌로의 억센 손마디 사랑과
동해(童孩)*의 애틋한 보살핌
그 끝자락에

찬바람이 자고 나니
만고강산 지천으로
됴화*가 만발하구나

순풍이 불고 꽃비 내리면
볼그레 너를 닮은
수줍은 아낙이 기다리겠지.

*동해(童孩) : 국어 사전적 의미 유오, 유아, 어린아이(아이 동, 어린 아이 해).
*됴화 : 복숭아 꽃.

# 모정(母情)

가슴 시리도록
아픈 사랑을 모르기에
당신에게로 향하는 사랑이
부족한가 봅니다.

메마른 언덕에도
풀은 돋아나고
아름다운 꽃을 피워
벌 나비를 부르건만

흠모하는 정이 두려운 것은
무슨 연유일까요

모진 사랑이
내게 다가와도
쉽게 당신에게로
다가서지는 못할 것 같습니다.

생각은 쉬워도
행하기가 두렵기만 하니까요

당신에게서 배운
가슴 아픈 사랑이
쉬이 피어나지도 못하는 까닭은

내가 간직한 그 사랑이
너무도 얇기 때문인가 봅니다.

# 옛길(구도로)

한때는 풍미도 했었죠
반갑게 맞이하기도 하고
화를 내기도 했던
그 시절이 그립습니다

이따금 오가는 길손도
그 시절만 못하여
수인사도 나누지 못합니다

언제부터인가 제 몸이 아파옵니다
살이 터지고 찢겨나가기도 하는데
봉합 수술도 받지 못합니다

가지런하던 친구들도
웃자란 봉두난발에
망나니가 따로 없습니다

돌아와 달라고 하소연할 곳도
품에 안아 달라고 청할 곳도
없는 줄 압니다

영원히 잊힐까 두렵지마는
가끔 제 생각이 나시거든
지나는 길 망설이지 마시고
찾아오시어 진한 사랑 나누다 가시옵소서

# 숲

저 깊은 숲속 그 어딘가에
낙원이 있다기에
오솔길 따라 올라갔더니
외딴집 즐거이 서 있었네

저 깊은 숲속 그 어딘가에
사랑이 있다기에
이리저리 산길 따라 올라갔더니
새들만이 즐거이 노래 부르고 있네

저 깊은 숲속 어딘가에
행복이 있다기에
오솔길 따라 올라갔더니
네 잎새 풀잎만 웃고 있었네

제4부

# 나, 항상 그 자리에~

# 겨울 산행(山行)

산(山)은
백합꽃 바다를 만들어
뭇사람의
발길을 잡아끌고

동면(冬眠)에 취한
나무는
목화송이를 눈부시도록
하얗게 이고서
숨을 멎게 하는데

바람도 범접치 못한
설편(雪片)의 바다에는
따가운 햇살만이
눈치를 보며
사분사분 거닐고 있다.

# 탄금호* 낙조

나는 예서 멈추고
너는 거기서 멈추고
학년 지난 책보를 어깨에 둘러메고
빈 양은도시락은 허리춤에 동여매고
준비 신호도 없이 달려가는 길

날숨과 들숨을 제대로 배우지 못한
너와 나
숨이 턱에 와 닿을 때쯤 고무신이 하늘로 날았다.

무릎과 팔꿈치에선 피가 흐르고
나를 이긴 돌부리는 미동도 없이 그곳에 있는데
넌 벌써 저만치 앞서간다

한 번쯤 뒤돌아볼 만도 한데
가는 길이 뭣이 그리 중한지
너는 나에게 눈길 한번 주지 않고
예서 주홍빛 윤슬로 빛나고 있다.

* 탄금호 : 충주댐 하류 조정지댐 조성으로 형성된 호수. 중앙탑 공원 및 조정경기 메카로 유명.

# 풀꽃(1)

바램도 설렘도 없소
기다림은 더욱 없소

그저 지나다 한번 보아주면
행복한 하루라오

도듬는 손길도 가꾸는 마음도
보살핌도 원하지 않소

그저 지나다 웃는 얼굴 보여주면
그것으로 난 기쁨이오

다듬어진 화분도 기름진 토양도
깨끗한 보금자리도 원하지 않소

친구들의 희생과 어우러짐이 있는 곳
이곳이 나의 천국이오

화려함도 고귀함도 나에겐 없소
사로잡고픈 향기도 없소

행복과 기쁨이 있는 곳
이곳에서 웃으며 춤추며 살다 가리다.

# 풀꽃(2)

혼자 있어야 좋아요
그저 부는 바람과
지나는 님과 농익은 인사 나누며
콧노래 부르고

새벽이슬 거나한 식사에
높아 가는 하늘 보며
따가운 햇살 일광욕도 즐기며
흘러가는 구름에 추파도 던져 보고요

다가선 동해(童孩)의 보송한 손길에
전해오는 짜릿한 전율과
풋내 나는 향기 그 미소에 취하여
수줍어 볼 발그레 함박웃음 짓기도 하지요

# 라일락 향기 속에서

자네 왔는가?
온다는 기별은 들었네만(穀雨 전후에)
이리 일찍 올 줄은 몰랐네(春分 절기에)

내 꽃술을 준비해
오월의 그늘에서 함께 한잔하려 했더니
준비 없이 자넬 맞고 말았네
반갑기에 앞서 놀라울 뿐일세

오고 감이 어찌 내 맘 같으랴마는
마중할 시간도 없이 또
떠날 시간을 재촉하니
그 사랑 예년만 못한가 보오

가시거든
다시 오는 날 내 어찌 준비해야 할지
그 답이나 미리 전해주시게나

# 갈대(3)

갈대는 스스로 울지 못한다는 사실을
가슴 아파하면서
또 그렇게 서서 울고 있습니다.

## 저녁노을

하루 끝자락
마주하고픈 간절한 마음

산정으로 나앉은
엷은 구름 사이

빨갛게 달아오른 얼굴 내밀고
들릴 듯 말 듯
속삭이는
밀어들

… …

다 풀지 못한
수수께끼 가슴에 안고

감출 곳 없는 열정
사르고 있다.

# 한강 하구의 봄

움트는 수양버들을 보며
계절 지난 갈대는 춤을 춘다.

날개 잃은 갈매기와
힘겹게 황사를 피해 달려오는
저녁노을 사이

정겨운 노부부의 짧은 어망 질
숨 가쁘게 오고 가는 인간군상들 사이
너는 흐르고 있다.

억겁에 묻혀버린 네가 안은 상처와 상흔들
작금의 아름다움과 가슴 시린 사랑으로
어루만지며

다가오며 밀려가는 우직함과 냉철함
그 속에 정겨움으로
가슴 열어 웅비하는
너는

녹슨 철조망 너머에도
한 줌의 흙을 일구고자
사랑했지만

건널 수 없는 안타까움
반딧불로 밝히는 등대
아침이슬 머금은 햇살

죽어서도 가지 못하는 찬란한 황혼과
벗을 수 없는 껍질들
나눌 수 없는 사랑과 그리움
우리의 어깨동무는 몇 겁의 세월이 더 흘러서
치유될 수 있을까

# 산골 마을(3)

꿈에서 깨이듯 또 하루가 시작된다.
경칩 지난 늦추위에 치마를 걸치듯
그렇게 동녘에선 해가 일고
엷게 가려진 사립문 밖
얼음이 녹아 흐르는 개울물 위로
물안개 피어오르며

외양간 황소는
흰 성에를 코에 가득 묻히고
김 무럭무럭 피어오르는
구유 속 여물을 곱게 씹으며
진고개 너머 언덕배기 이랑을 즐겁게 일 생각에
노부부의 이른 아침 밥상에 행복이 젖어드네

# 귀향(歸鄕)

나 돌아가리
황토밭 이랑 사이
보리 익어 가는 곳으로

누렁이 쟁기 먼지 일으키며
담쟁이 넝쿨 토담 따라
갓 파종한 채소 풍성한 곳

애호박이 주렁주렁
초가(草家) 위 하얀 박꽃 달맞이하면
소쩍새 들창 사이 울음 우는 곳

적막이 부지럼과 숨바꼭질하고
황금 들녘 늘어선 허수아비와
파란 하늘 고추잠자리

지붕 위 또 하나의 달과 달이
소담거리며
반딧불이 춤을 추는
나 그곳으로 돌아가리

## 난개발

노송(老松)들이 힘없이 쓰러지고
굉음의 중장비는 거칠 것 없이 헤집고 다닌다.

푸른 솔을 외치던 그곳엔 지금
남은 것은 오로지 뽀오얀 먼지와
검게 그을린 인부들의 거친 숨소리뿐

"야 저것도 베어버려" 악쓰는 소리에
외마디 비명도 없이 쓰러져가는

머리 위로 새끼 잃은 어미의 울음은
굉음에 묻혀버리고

해 질 무렵 푸르던 그곳에는
뻘건 황토 입만 크게 벌린
괴물 아닌 괴물만이 서 있었다.

# 난개발(2)

또 하나의 산이
허리를 잘린 채
황토피를 쏟고 있다.

균형발전…
백옥 같던 손과 발
금빛 머리카락 모두 베어진 채
누렇게 시들고

울창하던 털가슴과
풍만하던 가슴과 허리는
단 한 번의 메스에
벌겋게 가슴을 드러내 놓고

국토개발이란 미명 아래
또 그렇게 굉음에 묻혀
통곡을 하고 있다.

# 나는(2)

나는 바람이다

그리고

안개이며
구름이고
별이고
달이고 태양이다

또한

계곡을 흐르는 물이며
냇물이고
강물이며
바다이며
대양이다

아울러
길가를 구르는 조약돌이며
피고 지는 풀꽃이고

그를 쫓는 벌 나비며
흩어지는 먼지다

더불어

새싹이며
새순이며
그늘이고
양지이다

구릉이며
언덕이고
대지이며
광활한 녹색평야다

나는
존재하는 자연이고 싶다.

# 산(5)

산이 내게로 왔다
검붉은 피를 토하며
허리가 아프고 매스꺼워 토할 것 같다고

뒷산은 내게로 와 울부짖는다
팔, 다리를 돌려 달라고
가슴에 박은 철심을 뽑아 달라고
꺼내 간 오장육부를 돌려 달라고

그 산이 애원을 한다
굶주려도 좋고 외롭고 서글퍼도 좋으니
그냥 그대로 있게 놔 줘 달라고

# 장맛비

그칠 줄 모르고 쏟아지는 언어들

그리고 약속들

넘실대는 핏빛 장맛비는
숨겨야 비밀인 것들을
자꾸만 들추어내고 있다

# 장마(2)

내린다
처음엔 그냥 날리는 먼지를
잠재우고 타던 갈증도 쓸어내리고
맺힌 땀방울 날려 보내고
이 얼마나 시원한가

흐른다
찌든 때 훌훌 벗겨
가져가려고 억지로 안겨준 선물더미와
되돌려줄 곳 없어 쌓아둔 찌꺼기를
모두 가져가려고 이 얼마나 상쾌한가

만남이다
골목골목 잠재우고
쓸어 모아 조금 더 너른 곳에서
반가움에 춤이라도 추련만
웃음이 없다

이상타

… …

넘친다
삭이지 못하는 분
넘실거리는 모양새에 겁이 난다

무(無)다
하지만 유(有)다
뚫렸던 하늘은 자물쇠가
채워지고 원망의 눈시울만 적신다

하지만 말은 없다

# 장맛비(3)

황톳빛

높아지는 여울은
선조로부터 다져온 보금자리 위협을 하고
스밀 곳 모르는 황토물은
우리의 이기에 의해
채워진 사슬 사이에서
갈 곳 몰라 하다
낮은 곳으로 빠르게 숨어버린다

그들은
광장도 아닌 광장에 모여
신나게 춤판을 벌이고
그들의 춤판에
이기만을 쫓던 우리는
망연자실

뚫린 하늘만 원망하고 있다

## 봄(3)

나른함
코끝 찡한 커피 향
두서없이 전하여진
수신인 없는 빈 봉투

긴 겨울
지쳐버린 영혼을
깨우기 위한 향기로 그득한데

마중 나간 우수 경칩은
돌아올 줄 모르고
깨어난 영혼만
향기에 취해 노래 부르고 있네

# 나는 산이고 싶다

나는 산이고 싶다
말없이 그곳에 서서 침묵하는 산이고 싶다
나를 보러오는 이들을 반기며
그들의 대화에 빠져보고
낙엽의 소곤거림에 귀 기울이며
다시 작별의 입맞춤도 하며
실개천을 내어 가재와 피라미도 키우며
작은 폭포도 만들어 산울림 울며
꽃들이 피어나면 찾아오는 벌레들 웃음소리(울음소리)에 취해
다람쥐, 청설모, 노루 토끼 불러 모아 어깨춤도 추어보고
너른 초원에 아이들 웃음소리 넘쳐나게 하고 싶다

나는 이곳에서 멍들지 않는 산이고 싶다
가재가 미안하다며 인사하고
피라미가 없는 살림 챙기고
다람쥐, 청설모 떠나버린
다시 만나자는 입맞춤이 영원한 이별이 되고 마는
대화도 없고
오솔길도 없는

옆구리 잘리어 잿빛 무덤만이 덩그런
찾아오는 벌, 나비도 웃어주는 어린 미소도 없는
그런 멍든 산이 아닌
언제나 푸르름이 넘치는 그런 산이고 싶다.

# 휴(休)*의 숨

그대 예서 한걸음 쉬어가면 어떨까요.
너보다는 한 발짝 더 나아가는 것이 아니라
함께여서 행복할 수 있는 그런 시간을 가짐이
한발 늦게 간다고 누가 나무라지도 않는데
왜 빨리 가려고만 하시나요

예로부터 우리는 한숨의 여유를 즐기는
그런 한가로움이 함께 했다 하는데
언제부터 이리 바삐 움직여야 하는 시간을
품고 살아야만 했나요

그대 바람이 불고 있죠
무엇이 보이나요
잠시 걸음을 멈추고 눈을 감아보아요
숨*이 보이던가요
아님
여유가 보이던가요

삶은 스스로 돌고 도는 둥근 지구
그대 마음으로 걷고 있잖아요

때로는 슬프고
때로는 괴로워도 그대는
빨리 가거나 늦추어지거나 하지 않잖아요

그대처럼 늘 그렇게
보내고 바라보면 어떨까요

그대 예서 한숨 돌려보내고 가면 무엇이 바뀔까요
자신보다 한걸음 뒤에서 걷다 보면
많은 것이 바뀌고 달라져 있지 않을까요

그렇습니다
그대 예서 바라본다면
그대는 항상 그 자리에 그렇게
아름다운 모습으로 있을 것입니다

잠시 옆을 바라본다면 말이죠

*휴(烋) : 쉴 휴(쉬엄쉬엄 가자).
*숨 : 여유로운 숨.

# 사유(思惟)의 품격으로 쌓아올린 자아성찰(自我省察)의 집 한 채

## — 윤성호 시집 『어디쯤인가』의 시 세계

정유지(문학평론가, 경남정보대 교수)

### 1. 치열한 절망의 끝에서 따뜻한 봄볕을 건져 올린다.

"옛날, 내 기억이 정확하다면, 나의 삶은 모든 사람이 가슴을 열고 온갖 술들이 흘러 다니는 하나의 축제였다. …(중략)… 나는 내 정신 속에서 인간이 가질 수 있는 온갖 희망을 사라지게 하기에 이르렀다. 그 희망의 목을 비트는 데 즐거움을 느껴, 나는 잔인한 짐승처럼 음험하게 뛰었다."

인용된 것은 아르투르 랭보의 시 〈지옥에서 보낸 한철(1873)〉 중 일부 내용이다. 랭보는 폴 베를렌과 광적인 동성애를 나누다가 결별한 후, 쓴 작품이 〈지옥에서 보낸 한철〉이다. 이후 랭보는 죽을 때까지 17년간 독일, 스위스, 이탈리아, 키프로스, 에티오피아

등지에서 유랑생활을 하며 유럽 문명을 거부한다. 아프리카로, 미지의 세계로 탈출을 감행한 것이다. 결국 랭보는 행려병자로 사망했다. 어쩌면 랭보의 이 산문시는 탕아의 고백과 같다. 랭보가 말한 지옥은 치열한 삶의 공간이다. 문명의 이기를 거부하며 치열한 인간의 자기 정체성을 찾으려고 갈구한다.

윤성호 시인은 한마디로 현대판 랭보다. 치열함이 그의 작품에 녹아 있다. 윤성호 시인은 충북 충주에서 출생하였다. 2001년 월간 『문학세계』에 시 부문 신인문학상으로, 2002년 월간 『문학세계』에 소설 부문 신인문학상에 당선되어 문단에 등단했다. 시와 소설이라는 장르를 넘나들며 그동안 독특한 빛깔의 작품군을 형성해 왔다. 『풀꽃』 동인 활동을 열심히 하면서, 묵묵하게 향토문학의 지평을 열고 있는 귀한 존재이다. 『풀꽃』 1호로부터 12호까지 참여해, 활발한 작품 활동을 전개해 오고 있다.

윤성호 시인은 따스함이 깃든 시적 프레임(Frame)으로 깊은 사색을 즐긴다. 윤성호 시인은 그 사색의 창을 밝히고 있다.

윤성호 시인은 시심을 아름답게 풀어놓는 서정시인이다. 윤성호 시인의 시적 세계는 크게 두 가지 경향을 보인다.

첫째, 언어와 표상 사이에 동일한 것을 쫓는 연상 체계를 추구하는 상징 어법으로 유려한 시적 보폭을 선보인 동시에, 달관의 깊이로 수놓은 서정시의 진수를 수놓고 있다. 더불어 대자연을 누비면서 정제된 언어로 새롭게 특화한 '꽃밭 삼천 평'을 형상화하고 있다. 아울러 윤성호 시인의 정신세계는 따스한 미적 감수성으로 빚어낸 맑고 진솔한 시학이 가득하다. 이는 윤성호 시의 근간이 된 행과 행, 연과 연을 연결하는 창조적인 상상력과 시적 유기성이 작용하고 있기 때문이다.

둘째, 타자(他者)와 관계 맺기의 미학에 충실하다. 또한 시적 대상에 대한 빼어난 감정이입을 통해 공감각적 이미지를 구가하고 있다. 더 나아가 따뜻한 사랑의 심상으로 완성의 가을의 얼굴을 하고 있다. 사색을 통해 성찰의 깊이로 수놓는 모닥불처럼, 겨울을 준비하는 따뜻한 시선을 지향하고 있다.

셋째, 깊은 사유를 간결하게 표현하는 모던한 아포리즘(Aphorism)적 단상으로부터 시작하여, 가족, 일상까지 확대하고 꽃향기가 그윽한 사계절이 깃든 대자연의 풍경마저 노래하고 있다. 하나의 서정 앨범 속에 윤성호 시인의 인생을 함축하고 있다. 단상의 시편과 서사의 시편 등을 두루 발현시키면서, 윤성호 시상(詩想)의 자유로움을 확보하고 있다.

시인은 자연에 대한 특화된 캐릭터를 구축하고 있다. 바로 「낙엽(1)」에서 이를 확인할 수 있다.

바람이 지났다
나뭇잎이 곡소리를 한다
행인은 가던 길을 재촉하고

세월은 그렇게 또 지나간다

―「낙엽(1)」 전문

인용된 작품은 사색의 향기가 물씬 풍긴다. 바람은 가을을 가장 먼저 알리는 동시에 겨울을 몰고 온다. 나뭇잎들이 가지 끝에 매달려 울음소리를 낸다. 결국 바람에 떠밀려 지상에 낙하한다. 쓸쓸한 낙하법을 익히기도 전에 나무 주변에 뒹굴고 있다. 을씨년스럽게 부는 바람은 행인들의 발길을 재촉하게 만든다. 옷깃을 올리자마자 고독함이 몰려온다. 고독함은 누군가가 와서 메울 수 있지만, 그리움은 메울 수 없다. 그리운 존재가 와야만 그 빈 공백을 메울 수 있다. 세월의 깊이를 시적 대상인 '낙엽'을 통해 인식하고 있다. 자연의 순환과 순리에 기인한 삶의 자세를 취하고 있다.

시인은 자기 자신의 삶을 고즈넉하게 그려내고 있다.「빛바랜 사진」을 꺼내 한 장 한 장 넘긴다.

사진첩을 들추어 보다
문득 눈에 온 고향

덜컹덜컹 달려가는 낡은 버스와
앞섰거니 뒤섰거니 달음질하는 흙먼지

차창 너머 뽀얀 옷 갈아입고
하늘 높이 선 미루나무

보호수 철책 너머 툇마루에
늙은 촌부들의 정겨운 얘기가
그리워지는
빛바랜 사진 속 가고픈 고향

—「빛바랜 사진」 전문

빛바랜 사진첩은 유년 시절 고향의 정취를 경험하는 유일한 시간적 매개(媒介)다. 진창길, 비포장길을 달리는 낡은 버스의 흙먼지가 기억의 문(門)을 열고 있다. 흰 먼지 뒤집어쓴 미루나무의 시골 풍경이 어우러져 있다. 툇마루에 앉은 늙은 촌부들이 옹기종기 모여 정담을 나누는 모습도 클로즈업되고 있다. 인간미가 상실되지 않은 순수한 고향의 의미를 조명하고 있다. 고향 속 공동체라는 실존적 가치를 흑백사진이란 매개로 시공간적 아이덴티티(Identity)를 회복하고 있다. 빛바랜 시간이 고스란히 담긴 매개로 인해, 시인은 사물의 본질을 직관적으로 포착하고 있다. 흑백사진은 무엇보다 과거로부터의 단절을 극복하고 지금 세상과 연결된 시적 장치다. 고향의 풍경을 재생시키는 선적(禪的) 상상력을 발현시키고 있다. 빛바랜 사진은 윤성호 시정신을 실현해 나가는 구도(求道)의 매개로써 존재한다.

시인은 일상 속에서 사유의 깃을 턴다. 「어디쯤인가」에서 이를 확인할 수 있다.

옷깃을 세워야 하는
새벽길

모퉁이를 돌아서면
삶의 소망이 왁자한 곳

그곳
불빛도 졸고 있는 등걸 아래
일회용 젓가락과 종이컵
나란히 놓여 있었다.

바닥까지 비워진 막걸리병과
찢어진 김치 조각 하나
누군가 그곳에 앉아
널브러진 세월을 노래하며

한 모금씩 비워지는 플라스틱병처럼
찢어져 작아지는 김치 조각처럼
놓이지 않는 시름을 벗었으리라

—「어디쯤인가」 일부

모퉁이를 돌아서면 왁자지껄 사람들이 모여든다. 막걸리를 일회용 종이컵으로 주고받으며 김치를 주섬주섬 먹으면서 시름을 벗고자 했던 장면들이 환기되고 있다. 소박한 소시민적 삶의 애환이 행간 곳곳에 잠겨있다. 서민들에게 하루하루는 치열한 삶의 무대다. 이 때문에 결코 정돈될 수 없는 시름이 파생될 뿐이다. 인용된 작품은 소시민적 단상을 그림

그리듯이 압축한 수작(秀作)이 아닐 수 없다. 특히 자신의 인생을 되돌아보고 있는 깨달음의 길 위에 서 있다. '하늘의 길(天道)', '사람의 길(人道)', '땅의 길(地道)'을 깨달을 수 있는 공간이다. '원형이정(元亨利貞)'이 흐른 '하늘의 길', '인예의지(仁禮義智)'가 머문 '사람의 길', '동남서북(東南西北)'을 구분하는 '땅의 길'이 존재한다. 이는 사계절의 변화와 통하며, 곧 음양오행설과 연결된다. 인용된 옷깃을 세워야 하는 새벽길은 정의(義)로 변화(義=利)하는 가을을 상징한다. 그 가을은 만물이 이루어지는 수확의 계절을 뜻하는 이(利)와 정의의 의(義仁), 우백호가 지키는 서(西)와 그 맥이 통한다. 겨울은 봄을 잉태하고, 봄은 여름을 생산하는 몸이다. 또한 가을을 예고하는 전생이다. 가을은 홀로 존재하는 것이 아니라, '생성-성장-소멸'의 단계를 거치는 과정 중 하나일 뿐이다. 여기서 '어디쯤인가'의 의미를 정리하면 새벽, 모퉁이, 바닥으로 볼 수가 있고, 하늘(天道), 사람(人道), 땅(地道)과 통하는 시적 장치일 수 있다. 별길은 가변성을 지닌 존재로 사람의 삶과 비유할 수 있기에, '사람의 길'에 포함했다.

시인은 인생의 「사랑(9)」을 잊을 수 없다.

하얗게 그리던 날들은
차마 접을 수 없기에

그 꽃잎 떨구지 못하고
다시금 불러보는 그 이름

석~자

—「사랑(9)」 전문

팽이가 쓰러지지 않고 힘차게 계속 돌기 위해서는 원심력과 구심력이 팽팽하게 작용해야 한다. 이를 '상호 끌어당김의 법칙'이라 한다. 사랑도 마찬가지다. 서로 쓰러지지 않으려고 끌어당김의 법칙이 작용한다. 팽이가 하나의 고정된 축으로 균형을 잡고 회전하듯이, 사랑도 고정된 축으로 균형을 잡고 원심력과 구심력이 팽팽하게 작용해야 오래 갈 수 있다. 하얗게 그리는 시적 행위는 하얀 꽃봉오리를 피워 올리는 순백의 사랑을 의미한다. 꽃잎을 떨구지 못한 채 다시금 불러보는 그 이름은 세상에서 가장 아름다운 존재를 상징한다. 이름 석 자를 불러보면서 존재적 자기 자각을 펼치고 있다.

시인은 손때 묻은 하루를 정리한다. 「세탁기 앞에서」라는 작품을 통해 확인할 수 있다.

세탁 한 번
헹굼 네 번
탈수
세탁 끝.

집안 남정네들이 들로 나가버리면
동네 아낙들이 그네들의 비밀들과
소중한 물건들을
가득 담아 모여들던 곳

제멋대로 만들어진 비누와 방망이로
찌든 때 멍든 때 때리며 비벼대며
지난밤 전라댁의 깊은 사랑 얘기와
경기댁의 바가지 긁던 얘기

—「세탁기 앞에서」 일부

인용된 작품을 통해 시인은 '세탁기'라는 시적 소재를 통해 세탁 한 번, 헹굼 네 번, 탈수, 세탁 끝이란 인생철학을 노래하고 있다. 비우고 불리고, 털어내고 말리는 단순 과정이 아닌 인생을 함축시키고 있다는 점이 주목할 만하다. 일상에서 얻어낸 시편 중, '세탁기 앞에서'는 진솔한 서민들의 삶을 존재적 자기인식(自己認識)의 발로에서 생성된 아름다운 미학이 녹아 있다. '찌든 때 멍든 때 때리며 비벼대며'로 시작한 현실 진단으로부터 '전라댁의 깊은 사랑 얘기'와 '경기댁의 바가지 긁던 얘기'까지 애틋한 삶의 스토리를 진술하고 있다. 어디 그뿐인가. 주어진 한계상황 속에서 혼자만의 비밀을 풀지도 못하고 쉼 없이 돌아가는 세탁기의 과업은 나를 일깨우는 에피퍼니(Epiphany)라고 할 수 있다.

시인은「해바라기」에 시선을 돌리고 있다.

아무도 사랑할 수 없기에
누구에게도 사랑받을 수 없기에
오직 그대만이 나의 사랑인 것을
오늘도 그대 사랑으로

행복하기를
간밤
폭풍우에도 기다렸습니다.

검게 그을린 얼굴
보이기 싫어 오지 않으셔도
구름과 숨바꼭질하는 당신이
미워도
내 사랑은 오직
당신
당신이면 족합니다.

—「해바라기」 전문

인용된 작품은 그리움으로 물든 연가(戀歌)의 전형이라 할 수 있다. 사모하는 그리움을 담은 애절한 노래다. 누군가를 애타게 그리워하는 간절한 마음이 읽히는 노래다. 너무도 절절해서 숨이 막힐 만큼 비극적 초월의 사랑 노래다. 정제되고 함축된 형식 속에서 부드러운 톤의 시어를 주로 선보인 서정적이고 아름다운 노래다. 동심(童心)이 시적 배경으로 깔려 있으면서, 바보스러울 만큼 하나의 존재를 향한 간절한 시적 어법이 잔잔한 감동마저 자아낸다. '해바라기' 하면 빈센트 반 고흐의 작품이 떠오른다. 유화를 두껍게 칠해 해바라기의 강렬한 생명력과 부피감을 표현하였으며, 동시대 작품들과 비교할 때 조각 같은 입체감을 표현한 걸작이다. 노란색의 강한 열망과 희망이 번뜩였다면, 윤성호 시인의 '해바라기'

는 검게 그을린 얼굴의 초월적 사랑을 구가하고 있다. '해바라기'의 궁극적 지향점은 '태양'이다. 태양을 향해 허리를 꼿꼿이 세워 얼굴을 환히 밝힌다. 존재적 자각에 의한 사랑의 노래를 풀어내고 있다.

### 2. 차가버섯과 같은 좋은 작품은 오랜 시간이 지나도 별을 치유하는 영혼의 언어로 노래한다.

"시(詩 Poem)는 말하는 그림이고, 그림은 말 없는 시다."

괴테가 강조한 말이다. 괴테는 파우스트, 젊은 베르테르의 슬픔으로 널리 알려진 독일의 대문호다. 괴테는 독일을 대표하는 시인이며, 극작가, 언론인, 정치인 등의 화려한 프로필을 자랑한다. 인용된 글은 괴테가 말한 시의 정의이다. 시의 특성을 한마디로 말하면 이미지(心象, Image)를 가장 효과적으로 표현한 최고의 정의에 해당한다. 즉, 그림을 그리듯이 시적 묘사를 잘 해야, 비로소 회화 작품과 같이 명품이 된다는 의미이다.

윤성호 시인은 괴테가 말한 시의 정의를 차용할 수 있는 작가다. 이른바, "시는 말하는 회화(繪畵)이고, 회화는 말 없는 시다."를 확인시켜 준 서정시인이다. 감성이 워낙 뛰어나고 풍부해서, 마치 홍어의 톡 쏘는 맛처럼 시의 뒷맛이 작렬하는 보배 같은 존재다.

윤성호 시인의 문학적 상상력은 시적 대상의 경

계 없이 자유롭고, 그에게 있어 시 쓰기란 인간 정신이 굴레에서 자유로 향해 가는 한 편의 파노라마(Panorama)다. 시인의 자유로운 사유를 통해 독자들에게 선물하고 있는 낯선 경험의 세계를 모색할 것이다. 시인이 궁극적으로 지향하고 있는 심상의 항해는 멈춤 없이 진행되고 있음도 탐색할 것이다. 시인의 시적 언어는 차가버섯처럼 상처를 놓치지 않고 오랜 습작을 통해 얻은 깨달음의 결정체이다. 이는 윤성호 시학의 산물로 정리할 수 있다. 윤성호 시학은 이번 시집 『어디쯤인가』에서 제대로 꽃봉오리를 피워 올리고 있다. 시인은 따스한 마음의 창을 연다. 「산사 가는 길(3)」을 통해 확인할 수 있다.

애잔한 풍경 소리
합장한 동자승의 멋쩍은 미소에서
두 손 꼬~옥 마주 합장하고
해탈의 미소를 본다.

—「산사 가는 길(3)」 전문

풍경의 바람막은 물고기 모양이다. 목어는 물속 중생을 건져서 깨달음의 세계로 이르게 하겠다는 의미가 담겨 있다. 산사의 풍경소리는 산 너머 먼 산까지 퍼지는 울림이다. 속세의 찌든 때를 씻어준다. 적막과 어울려 흐트러지지 않을 깨달음으로 향해 가는 영혼의 청량제 같은 울림의 소리다. 깨달음을 염원하는 울림의 소리다. 애잔하기까지 하다. 물고기는 잠을 잘 때도 눈을 감지 않는다. 늘 깨어 있어서 꾸준하게 정진하라는 의미를 담고 있다. 동자승의 멋쩍은 미소를 그려내면서, 굴레나 얽매임에서 벗어나는 해탈(解脫)의 미소로 귀결시키고 있다.

시인은 청천벽력(靑天霹靂) 같은 「해고」의 전화를 통보받는다.

한참을 기다리다 받은 전화로
그동안 고생 많았다는 음성이 흘러들고
잘 가라는 말 한마디 없이 노을이 진다.

덧끼워 낀 장갑 사이로
손발이 부르트고 작업복을 하루가 멀다 하고
비벼 빨면서 한 푼이라도 아끼고 훌륭한 작품의 완성을 위해
뛰어다니며

내가 아니면 안 된다는 소신 속에
남들이 위치가 있으니 그러면 안 된다고
정확한 지시만 하라고

하지만 그네들은 어정쩡
아무리 중요하다고 말을 하여도 쇠귀에 경 읽기
아무리 정확한 작업지시라도 엇갈리게 마련

인부들의 손놀림을 쉬게 할 때는
문책은 상급자에 있는 것
무슨 미련이 있으랴

—「해고」 일부

부정론자는 어떤 결과에 대한 문제점을 찾으려고 노력하지만, 긍정론자는 어떤 결과에 대한 숨겨진 기회를 찾으려고 노력한다. 시적 화자는 인부들의 손놀림을 쉬게 할 때 문책은 상급자에게 있는 것임을 일갈하고 있다. '무슨 미련이 있느냐'라고 오히려 반문하며 자신만의 길을 걸어가고 있다. 생각이 인생의 날개라면, 꿈과 희망은 인생의 좌표이다. 해고는 인생의 격랑기를 만드는 장애물이다. 벽이다. 그러나 담쟁이처럼 그 벽을 눕혀 다리를 만들어 건너가는 담쟁이 정신도 있다. 시인은 문책성 해고를 미련 없이 받아들인다. 그러나 현실극복의 의지 또한 내포하고 있다. 강한 의지와 인부들에 대한 사랑의 접합점을 투영(投影)시키고 있다. 겉으론 문책성 정리해고에 순응하는 모습을 보여주고 있지만, 그 속엔 인간에 대한 따뜻한 사랑이 연동되고 있다. 해고(解雇)는 사용자가 근로자와 근로계약(고용계약)을 일방적으로 해약하는 것을 말한다. 「민법」상 고용계약의 해약(해지 · 민법 제658조~제663조)과 법률상의 성질은 같은 것이나 노동법 관계의 용어로서는 해고가 쓰인다. 정리해고의 정식 용어는 '경영상 이유에 의한 해고'로, 기업이 근로자에 대해 취할 수 있는 가장 강력한 제재 수단이다. 근로기준법상 해고가 근로자의 귀책사유로 해고하는 것인데 반해, 정리해고는 회사의 경영상의 어려움이나 인수 등으로 인하여 해고하는 것을 말한다.

시인은 충주댐을 향한다. 「탄금호 낙조」에서 확인

할 수 있다.

나는 예서 멈추고
너는 거기서 멈추고
학년 지난 책보를 어깨에 둘러메고
빈 양은도시락은 허리춤에 동여매고
준비 신호도 없이 달려가는 길

… (중략) …

한 번쯤 뒤돌아볼 만도 한데
가는 길이 뭣이 그리 중한지
너는 나에게 눈길 한번 주지 않고
예서 주홍빛 윤슬로 빛나고 있다.

—「탄금호 낙조」 일부

멈추어 바라보면 비로소 더 큰 세상이 보인다. 시인은 유년 시절, 어깨에 둘러멘 책보와 허리춤에 동여맨 양은도시락을 소환하고 있다. 탄금호를 배경 삼아 학교에서 귀가하던 중, 돌부리에 걸려 넘어져서 고무신이 하늘로 날아갔던 그 추억의 시간도 소환한다. 앞만 보고 달려갔던 자신을 회고하면서, 자연과의 대화를 통해 진정한 아름다움의 가치를 구현하고 있다. 햇빛이나 달빛이 일렁이는 물결에 반사되어 반짝이는 윤슬을 발견하며, 자연 속에 몰입된다. 윤슬은 빛이 구슬처럼 보여 '빛 구슬'이라 불린다. 자연 속에 몰입되면서 시인 자신의 정체성을 회복하고 있다. 탄금호는 충북 충주댐 하류 조정지댐 조성으로 형성된 호수다. 중앙탑 공원 및 조정경기장 메카로 유명한 곳이다. 552년 신라 진흥왕 때 가야국의 악성(樂聖) 우륵(于勒)이 조국의 멸망을 앞두고 신라에 귀화했다. 진흥왕은 우륵을 반기며 국원(충주)에 거주하게 했고, 이곳에 이주한 악사 우륵이 가야금을 켰다고 하여, 탄금대(彈琴臺 충청북도 기념물 제4호)라는 지명이 생겨났다. 대문산(大門山)을 중심으로 남한강 상류와 달천(達川)이 합류하는 지점에 있으며, 경관이 수려하다. 숲속의 아늑한 정취를 포근히 느낄 수 있으며, 내륙의 바다 충주호의 탄금대 일원은 '탄금호'로 불린다. 윤성호 시인의 고향이 충주라서, 「탄금호 낙조」에 인생의 깊이로 수놓을 수 있는 탄탄한 시적 공간이 된다. 낙조(落照)는 해가 질 무렵에 하늘이 햇빛에 물들어 벌겋게 보이는 현상이다. 순화어는 '저녁놀'이 있다. 탄금호를 천국으로 비유하며, 탄금호 지킴이로 거듭 태어나고 있다.

시인은 갈대의 매력에 빠져있다. 「갈대(3)」을 통해 확인할 수 있다.

> 갈대는 스스로 울지 못한다는 사실을
> 가슴 아파하면서
> 또 그렇게 서서 울고 있습니다.
>
> —「갈대(3)」 전문

인용된 작품을 분석하면서, 신경림 시인의 시 「갈대」를 떠올렸다. 신경림 시인은 갈대를 속으로 우는 슬픔의 대상으로 바라봤다. 그러나 윤성호 시인은 갈대를 '울음 불가론'에서 '서서히 우는 존재'로 묘사하고 있다. 갈대에 있어 강바람은 한마디로 울음을 생성시키는 모티브가 된다. 강바람은 갈대가 온몸으로 서서히 우는 법을 스스로 터득하게 만드는 시적 대상이다. 강물 속에 비친 달빛과 별빛을 휘감으며, 존재론적 자각을 구현하는 시적 대상이다. 혼자서 울 수 없는 근원적 슬픔을 내재한 채, 현실을 진단하며 내면세계를 노래하고 있다. 단순하게 우는 것이 아닌, 우리 시대 지성인 시인의 가슴으로 아파하며 울고 있다. 숙명론적 성격을 띤 윤성호 시인의 「갈대」는 인생관 또한 묻어난다. '흔들림'과 '울음'은 한 결로 움직인다. 방황하는 별들을 치유하는 영혼의 메시지가 될 것이다.

시인은 사유의 숲을 향한다. 「나는(2)」에서 이를 확인할 수 있다.

> 나는 바람이다
>
> 그리고
>
> 안개이며
> 구름이고
> 별이고
> 달이고 태양이다

또한

계곡을 흐르는 물이며
냇물이고
강물이며
바다이며
대양이다

아울러
길가를 구르는 조약돌이며
피고 지는 풀꽃이고

그를 쫓는 벌 나비며
흩어지는 먼지다

—「나는(2)」 일부

인용된 작품을 한마디로 표현하면 '나는 자연이다'의 퍼포먼스(Performance)다. 시적 화자 '나'를 바람, 안개 · 구름 · 달 · 별 · 태양, 계곡 · 냇물 · 강물 · 바다 · 대양, 조약돌 · 풀꽃 · 벌 나비 · 먼지, 새싹 · 새순 · 그늘 · 양지, 구릉 · 언덕 · 대지 · 녹색평야로 환치시키면서, 최종적으로 '자연'에 합일(合一)시킨다. '나는 자연이다'라는 은유법을 가능하게 만든다. 자연 친화적인 시적 대상들을 불러내어, 이를 단순 나열 행위라기보다는 '나는'이란 자신과의 대화로부터 시작하여, 내재율을 갖춘 노래로 승화시키고 있다. '나는' 세상에서 가장 작은 인식체계이며,

가장 작은 국가이다. 나를 다스린다는 시적 표현이 가능한 이유도 이에 기인한다. 윤성호 시 공화국에 포진한 대자연의 진품목들이 진열되어 있는 것이다.

시인은 일상과 자연을 하나의 시적 대상으로 바라본다. 「장맛비」에서 이를 확인할 수 있다.

그칠 줄 모르고 쏟아지는 언어들

그리고 약속들

넘실대는 핏빛 장맛비는
숨겨야 비밀인 것들을
자꾸만 들추어내고 있다.

—「장맛비」 전문

인용된 작품 「장맛비」는 17세기 문헌에 '댱맛비'로 나타난다. '댱마ㅎ'가 '오랫동안 비가 내리는 현상'이라는 의미로 편향되어 쓰이면서 '오랫동안 내리는 비'라는 뜻이다. 시인은 오랫동안 내리는 장맛비를 일상의 언어로 빗대어 연출하고 있다. 언어의 소통 과정 중 파생하는 약속의 끈들을 발견한다. 약속은 관계를 형성하는 하나의 시직 장치다. 비에 쓸려서 흙탕물이 내려오는 광경을 들춰내며, 자꾸 들추어 내는 비밀의 속성을 발현시키고 있다. 세상에는 없는 게 세 가지가 있다. 하나, 세상에는 공짜가 없다. 둘, 세상에는 비밀이 없다. 셋, 인생에는 정답이 없다. 다행스러운 것은 장맛비가 멈추면 들춰낸 비밀도 소멸한다. 자연의 순환과 순리에 기인한 정화작용이다. 장맛비가 토양의 감춰진 비밀을 들춰내기도 하지만, 새로운 이슈(Issue)로 덮어버린다. 시인은 「장맛비」의 노래로 사계절의 순환을 표출하면서 '생성-성장-소멸' 중, 소멸을 통해 새로운 생성의 탄생을 예언하고 있다.

"차가버섯은 살아 있는 자작나무에 기생하며 자라는 약용버섯이다. 러시아에선 '신이 내린 선물'이라 불린다. 건강한 자작나무에 침입한 차가버섯 균은 자작나무 수액을 흡입하며 기생한다. 자작나무 내부에서 5~10년 정도 성장한다. 육안에 보이면, 자작나무 껍질을 뚫고 나온 상태를 말한다. 자작나무의 상처를 통해 나무에 착생하여 나무 내부에 뿌리를 내리고 자작나무 수액과 플라보노이드 등을 먹고 자란다. 항암효과가 뛰어나 고가에 판매되고 있다."

윤성호 시인의 시집 『어디쯤인가』는 존재적 자기자각을 통해 삶의 위치를 착생시키고, 인간미가 넘쳤던 우리 사회의 목소리를 뿌리내리며 재생(再生)시키고 있는 한국현대시단의 차가버섯이다. 인간의 영혼이 빚어내는 내면의 향기가 깊은 사유로 담겨 있다. 아울러 윤성호 시인의 시집 『어디쯤인가』는 인간의 심리적인 상처와 갈등을 치유해 내는 정화 기능을 하고 있다. 내적인 평화와 파괴된 외적인 완화를 얻도록 작용하고 있다.

문학세계대표작가선 992

# 어디쯤인가

윤성호 시집

인쇄 1판 1쇄 2023년 7월 5일
발행 1판 1쇄 2023년 7월 12일

지 은 이 : 윤성호
펴 낸 이 : 김천우
펴 낸 곳 : 도서출판 천우
등 록 : 1992. 2. 15. 제1-1307호
주 소 : 서울시 성동구 무학봉28길 6 금용빌딩 2F
전 화 : 02)2298-7661
팩 스 : 02)2298-7665
cafe.naver.com/chunwu777
E-mail : cw7661@naver.com



값 12,000원

*이 책은 충주시, 충주중원문화재단(www.cjcf.or.kr)의 후원을 받아 충주 문화예술지원사업 지원금으로 제작하였습니다.

*저자와의 협의에 따라 인지는 생략합니다.

ISBN 978-89-7954-901-0